D1719861

Felix, der glückliche Stubenhocker

Monika Seck-Agthe

Felix, der glückliche Stubenhocker

Illustriert von Hanno Rink

Verlag Sauerländer

Aarau · Frankfurt am Main · Salzburg

Für meinen Sohn Leo

Monika Seck-Agthe
Felix, der Stubenhocker

Illustrationen und Einband von Hanno Rink

Copyright © 1991 Text, Illustrationen und Ausstattung
by Verlag Sauerländer, Aarau und Frankfurt am Main

Printed in Germany

ISBN 3-7941-3410-9
Bestellnummer 01 03410

CIP-Titelaufnahme der Deutschen Bibliothek

Seck-Agthe, Monika:
Felix, der glückliche Stubenhocker/Monika Seck-Agthe. –
Aarau; Frankfurt am Main;
Salzburg: Sauerländer, 1991
ISBN 3-7941-3410-9

1

Willst du wissen, wer ich bin?

Ich bin Felix, und ich bin neun Jahre alt.

Gerade jetzt, während du das Buch über mich liest, liege ich auf meinem Bett und schaue mir die Birke vor meinem Fenster an. Draußen scheint die Sonne. Der Wind zaust die Birke hin und her. Um mich herum fängt alles an zu flimmern. Auf dem Boden, an den Wänden, überall tanzen goldene Tupfer.

Stundenlang kann ich mir das ansehen.

Der Kater Knisterbusch kommt in mein Zimmer, legt sich auf meine Schienbeine und schnurrt. Ich hole einen Nougat-Taler aus dem Geheimfach unter meinem Bett und stecke ihn in den Mund. Süß und langsam zergeht die Schokolade auf meiner Zunge.

Sag selbst, ist das nicht ein schönes Leben?

Der Schlüssel knackt in der Wohnungstür, meine Mutter kommt nach Hause. Als sie in mein Zimmer kommt, muß ich zweimal hingucken, um sie zu erkennen. Ihre Haare sind rot wie Feuer! Heute morgen waren sie noch braun.

»Warst du beim Friseur?« frage ich.

Meine Mutter nickt. Sie stellt sich auf die Zehenspitzen und dreht sich einmal um sich selbst.

»Gefalle ich dir?« fragt sie.

»Nicht besonders«, sage ich. »Vorher warst du schöner.«

»Find ich auch«, sagt meine Mutter und lacht. »Nach dem Essen wasch ich mir die Farbe wieder raus.«

Sie kniet sich neben mein Bett und drückt ihre Nase in meine Backe. Ihr gefärbtes Haar riecht so scharf, daß ich die Luft anhalte.

»Komm, mein Hase«, sagt meine Mutter. »Hilf mir beim Kochen.«

Wir braten uns Hühnerbeine. Seltsam, sich vorzustellen, daß diese Beine, die da in der Pfanne schmurgeln, gestern noch zu einem richtigen, gackernden Huhn gehört haben.

Als wir mit dem Essen fertig sind, steht meine Mutter auf und geht ins Bad. Ich folge ihr. Sie kniet sich vor die Wanne und stellt die Brause an. Ich drücke ihr einen Waschlappen gegen die Augen.

»Halt fest«, sage ich. »Ich nehme die Brause.«

Und dann lasse ich das warme Wasser über ihren Kopf laufen. Das Wasser färbt sich rot, feuerrot, blutrot. Ich seife die Haare meiner Mutter mit Shampoo ein, und auch der Schaum färbt sich rot. Dreimal muß ich waschen und spülen, bis das Rot langsam blasser wird, bis es in eine Rosa übergeht. Schließlich ist das Wasser klar, und ich stelle die Brause ab.

»Danke«, sagt meine Mutter und rubbelt sich die Haare mit dem Handtuch. »Dein Vater kommt heute früher, weil er eine Überraschung für dich hat. Den hätte der Schlag getroffen, wenn er mich so gesehen hätte.«

Eine Überraschung? denke ich. Was könnte das sein?

Meine Mutter fönt sich. Der Fön ist so laut, daß ich sie nicht nach der Überraschung fragen kann. Aber sie würde mir sowieso nichts verraten.

Endlich sind die Haare trocken. Sie sind wieder braun wie früher, sie glänzen, und sie riechen gut.

»Geh doch ein bißchen raus, Felix«, sagt meine Mutter.

»Die Sonne scheint, da ist es eine Sünde, in der Wohnung zu hocken.«

»Ich will nicht raus«, sage ich.

»Warum denn nicht?« fragt meine Mutter. »Die anderen Kinder spielen auch im Hof.«

Zum Beweis zieht sie mich ans Küchenfenster.

Ich lasse meinen Blick wie einen Stein vier Stockwerke tief nach unten fallen. Dort sehe ich die anderen Kinder aus unserem Block. Timmi fährt auf seinen Skateboard. Sabrina und Juan gucken ihm zu. Elfi ist in einen Hundehaufen getreten. Immer wieder schubbert sie mit ihrem Schuh über das kleine Rasenstück zwischen den Mülltonnen.

Wieviel schöner kann ich es hier oben haben!

»Ich bleibe hier«, sage ich zu meiner Mutter. »Du gehst ja auch nicht runter! Ich möchte zu Hause bleiben, so wie du. Ich mach auch was Leises, Ehrenwort.«

Meine Mutter holt tief Luft und dreht die Augen zur Zimmerdecke.

»Also gut«, sagt sie. »Aber daß du Tag für Tag hier oben in der Wohnung herumhockst – das ist nicht normal.«

Dann geht sie ins Schlafzimmer und macht die Tür zu.

Auch ich gehe in mein Zimmer.

Einen Moment lang denke ich nach. Mit dem Schifferklavier kann ich jetzt nicht spielen. Aber ich habe eine andere Idee. Ich baue eine Schweinestadt. Schweine aus Knete, Häuser aus Holz.

2

Meine Mutter schläft und schläft.

Ich baue an der Schweinestadt. Überall sind Schweine: in den Läden, auf den Straßen. Nur an der Tankstelle, da bedient ein Krokodil.

Es wird dunkel. Das Krokodil macht seine Tankstelle zu und geht in ein Bierlokal. Es trinkt fünf Gläser Bier. Dann schimpft es auf den Wirt.

»Du elender Stinkstiefel«, sagt es. »Du miese Kanalratte!«

Der Bierlokal-Wirt ist ein kräftiges Schwein, eines mit Muskelbergen und Reißzähnen. Gerade will es dem Krokodil eins auf die Schnauze hauen, da flammt die Deckenlampe in meinem Zimmer auf.

Das schöne Schummerlicht ist hin. Mein Vater steht in der Tür, im Anzug, mit Hut. In der Hand hält er einen nagelneuen Fußball.

»Der ist für dich«, sagt mein Vater. »Mach dich fertig. Ich ziehe mich um, dann gehen wir miteinander auf die Bolzwiese.« Er wirft mir einen Blick zu, als ob ich mich jetzt freuen müßte.

Das also ist die Überraschung!

»Ach, Papa«, sage ich leise. Ich überlege, wie ich es ihm beibringen soll, daß ich auf die Bolzwiese gar keine Lust habe. Daß ich viel lieber hierbleiben will, bei der Schweinestadt, die noch längst nicht fertig ist.

Bevor ich mit dem Überlegen fertig bin, kommt meine Mutter ins Zimmer.

»Genau«, sagt sie zu meinem Vater. »Das ist eine gute Idee. Der Junge war heute überhaupt noch nicht an der Luft.«

»Du doch auch nicht!« rufe ich. Aber meine Mutter tut so, als ob sie nichts hört. Das macht sie immer so: Wenn ich etwas sage, das ihr nicht gefällt, dann hört sie es einfach nicht. Statt dessen steckt sie mich in meine Jacke und zieht mir eine kratzige Mütze über die Ohren.

»Na? Fertig?« fragt mein Vater, als er aus dem Schlafzimmer kommt. Er hat jetzt einen dackelfarbenen Jogging-Anzug an. Den Fußball trägt er schon unterm Arm.

»Hopp, hopp, dalli, dalli!« sagt er. »Wir müssen los, solange es noch hell ist!«

Also gut, denke ich. Wenn ihm so viel daran liegt. Dann tue ich ihm den Gefallen.

Auf der Straße pfeift mein Vater vor sich hin. Er lacht. Er macht Witze. Er hat gute Laune.

Aber mir stinkt die ganze Sache. Es nieselt, der Himmel ist grau. Es ist kalt. Und ich muß auf die Bolzwiese. Wie schön wäre es, jetzt zu Hause bei meiner Schweinestadt zu sein!

»Geh du ins Tor«, sagt mein Vater, als wir bei der Bolzwiese ankommen. Also stelle ich mich ins Tor.

Der Boden unter meinen Füßen ist weich wie ein Schwamm. In meinen Jackenkragen rieselt Regen. Ich friere.

Ich weiß nicht, was ich hier soll.

»Jetzt paß mal auf!« sagt mein Vater und lacht. Er legt den Fußball ins Gras und läuft weg. Dann dreht er sich um und rennt wieder auf den Ball zu. Es sieht komisch aus, wie mein Vater in seinem Dackelanzug über den Rasen fegt. Jetzt hat er den Ball fast erreicht. Sein Stiefel klatscht gegen das harte Leder. Der Ball saust auf mich zu wie eine Kanonenkugel.

Es tut einen furchtbaren Schlag. Mir bleibt die Luft weg. Meine Brust brennt vor Schmerz, und ich merke, daß ich plötzlich der Länge nach auf dem Rasen liege.

»Du Flasche!« höre ich meinen Vater brüllen. »Du sollst den Ball doch halten! Halten, verstehst du? Nicht wie ein Mehlsack in der Gegend herumstehen und dich umschmeißen lassen!«

Mühsam rappel ich mich wieder auf. Meine Hose ist voller Schlamm, meine Beine jucken unter dem nassen Stoff. Meine Brust brennt wie Feuer. Scheißspiel, denke ich.

Dann sehe ich, daß mein Vater schon wieder Anlauf nimmt. »Paß auf, was ich dir jetzt für ein Ding hinsemmel!« ruft er lachend. Schon saust der Ball zum zweitenmal auf mich zu. Blitzschnell schmeiße ich mich in die Matsche. Ich höre, wie das lederne Ding über meinen Kopf hinweg ins Tor zischt.

Puh, denke ich. Wenn ich den abgekriegt hätte!

Als ich wieder aufstehe, bin ich noch mehr mit Schlamm besudelt. Meine Jacke hängt an mir herunter wie ein nasser Lappen. Mein Mund ist voller Dreck, es knirscht zwischen meinen Zähnen.

Mein Vater steht vor mir und sieht mich an. Er schüttelt den Kopf.

»Das gibt's doch nicht«, sagt er. »Du hast ja Angst vor dem Ball! Das mußt du dir abgewöhnen. Los, stell dich noch mal auf.«

Auf einmal hab ich eine Schweinewut.

»Ich denk nicht dran!« brülle ich. »Ich hab die Schnauze voll!« Dann drehe ich mich auf dem Absatz um und laufe weg, nach Hause.

Mein Vater rennt hinter mir her.

»Was ist denn, was ist denn?« ruft er.

Ich gehe einfach weiter. Der kann jetzt machen, was er will: Ich stelle mich nicht noch mal ins Tor.

Während wir die Kurfürstenstraße herunterlaufen, redet mein Vater ohne Pause. Daß er mich nicht versteht, sagt er. Daß er als Junge vom Bolzplatz nicht wegzukriegen war. Bester Jugendtorwart von Berlin sei er gewesen, einfach jeden Ball habe er gekriegt. Mir ist das ganz und gar schnurz.

»Die Menschen sind eben verschieden«, sage ich, als wir an unserer Haustür angekommen sind. »Nun schließ mal auf.«

In der Wohnung riecht es schon nach dem Abendessen: Bohnensuppe. Bohnensuppe esse ich für mein Leben gern.

»Wie siehst du denn aus?« ruft meine Mutter, als sie mich sieht. Aber mein Vater nimmt mich in Schutz.

»Ein richtiger Junge, der macht sich auch mal richtig dreckig«, sagt er. »Das ist eben so.«

Wir essen unsere Suppe. Der scharfe Pfeffer, mit dem die Suppe gewürzt ist, verwandelt sich in meinem Bauch in Wärme. Vom Bauch aus kriecht die Wärme durch meinen ganzen Körper. Sie zieht das Blut aus meinem Kopf, so daß ich nicht mehr reden mag.

Also gehe ich gleich nach dem Essen ins Bett. Ich habe eine Decke, die mit echten Gänsefedern gefüllt ist. Darunter ist es mollig wie in einem Nest. Ich hole mir noch einen Nougat-Taler aus meinem Geheimversteck und lasse ihn langsam auf der Zunge zergehen. Der süße Taler, das warme Bett – ich könnte schnurren, so schön ist das.

Durch die halboffene Tür höre ich, wie meine Eltern sich in der Küche unterhalten. Sie reden über mich.

»Mit Felix stimmt was nicht«, sagt mein Vater. »Er ist so memmenhaft. Das ist doch nicht normal. Wenn ich bedenke, was ich früher für ein Draufgänger war!«

»Ein Draufgänger braucht Felix nicht zu sein«, antwortet meine Mutter. »Wenn er nur ab und zu mit anderen Kindern spielen würde! Ewig hockt er nur in seinem muffigen Zimmer herum.«

Blödsinn, denke ich. Mein Zimmer ist nicht muffig. Es ist schön. Jetzt, wo meine Augen sich an das Halbdunkel gewöhnt haben, kann ich alles wieder gut erkennen: die Kakteensammlung auf der Fensterbank, die Schweinestadt mit

dem Bierlokal, wo immer noch das Krokodil am Tresen sitzt. Die Wolken, den Mond und die Sterne, die mein Vater mir an die Zimmerdecke gemalt hat.

Der Kater Knisterbusch kommt an mein Bett und legt sich auf meine Waden. Er ist schwer und warm. Er schnurrt. Ich werde müde. Meine Mutter und mein Vater reden noch immer über mich, aber ich kann die einzelnen Wörter nicht mehr auseinanderhalten. Ihre Stimmen verschmelzen zu einem Murmeln. Es klingt wie ein kleiner Bach, der eine Wiese hinuntermurmelt.

Langsam, ganz langsam fallen meine Augen zu.

3

Ich finde es schrecklich, daß ich morgens so früh aufstehen muß. Wenn mein Vater mich um sieben weckt, kann ich es nie glauben, daß die Nacht schon wieder vorbei ist.

Heute ist es besonders schlimm. In meinem Zimmer ist es kalt, Regen trommelt an die Fensterscheiben. Mein Vater rüttelt mich.

»Nun steh schon auf!« sagt er.

Ich möchte am liebsten weinen.

»Bin doch gerade erst eingeschlafen«, murmel ich in mein Kopfkissen.

Aber mein Vater lacht nur und zieht mir mit einem Ruck die Decke weg.

Wenn er so ist wie jetzt, hasse ich ihn.

Ich stehe auf und mache mich fertig. Als ich am Frühstückstisch sitze, fallen mir die Augen zu.

»Iß dein Brot!« treibt meine Mutter mich an. »Schlaf nicht ein beim Kauen! Und mach nicht schon am Morgen so ein miesepetriges Gesicht!« Wenn sie so ist wie jetzt, hasse ich sie.

Ich schlucke den Rest von meinem Brot herunter und mache mich auf den Weg zur Schule.

Eisiger Ostwind bläst mir ins Gesicht, als ich aus dem Haus komme. Autos donnern an mir vorbei. In der Ferne quäkt ein Martinshorn.

Was würde ich drum geben, wenn ich kehrtmachen und wieder in mein warmes Bett kriechen könnte. Aber es hilft nichts: Ich muß in die Schule.

Der Weg dahin ist nicht weit. Das dritte Haus links, in der Sedanstraße, das ist meine Schule. Mein Klassenzimmer ist im Parterre.

Als ich in die Klasse komme, lächelt Eylem mich an. Sie ist das schönste Mädchen von allen. Sie hat Reh-Augen, schwarzes Märchenhaar und vorne keine Zähne. Überhaupt finde ich die meisten Mädchen in meiner Klasse nett. Melanie mit der dicken Brille, hinter der ihre Augen klein wie Stecknadelköpfe sind. Sabrina, die ihre Haare jeden Morgen zu einer Schnecke flicht und aufsteckt, so daß sie eine Viertelstunde früher aufstehen muß. Maria, die in einer weißen Villa am Wannsee wohnt und deren Eltern gleich drei Mercedesse haben, einen davon mit Turbo-Antrieb.

Auch mit den Jungs komme ich gut klar. Nur einen mag ich überhaupt nicht: Richard. Richard mit dem bösen Blick. Er kann gucken, daß man eine Gänsehaut bekommt. Richard kann Kung-Fu, er haut blutige Nasen, er schubst auf der Treppe. Er fängt Spinnen und Käfer und reißt ihnen die Beine aus.

Er ist der Gemeinste, der mir je begegnet ist.

Richard kann mich genausowenig leiden wie ich ihn.

»Du hirnloser Schlaffi«, sagt er manchmal zu mir. »Bald mach ich dich platt.«

Aber ich glaube trotzdem nicht, daß er wirklich stärker ist als ich.

Heute witscht Richard erst nach dem Klingeln ins Klassenzimmer, nur eine Sekunde bevor unsere Lehrerin, Frau Schuster, hereinkommt.

Wir stehen alle auf und sagen: »Guten Morgen, Frau Schuster!« Dann setzen wir uns wieder hin.

Frau Schuster ist nicht allein gekommen. Sie hat einen großen, dünnen Jungen an der Hand.

»Guten Morgen«, sagt sie. »Ihr habt ab heute einen neuen Klassenkameraden. Er heißt Christian und kommt aus Köln, ist also ganz neu bei uns in Berlin.«

Frau Schuster legt ihren Arm um Christians Schulter und drückt ihn an sich.

»Ich bin sicher«, sagt sie zu ihm, »daß du dich hier sehr wohl fühlen wirst.«

Ich bin mir da nicht so sicher.

Christian ist weiß im Gesicht. Auf seiner Stirn glänzt Schweiß. Die Augen hat er so weit aufgerissen, als sähe er nicht die Klasse 3a der Kantschule Berlin vor sich, sondern einen fleischfressenden Saurier oder eine Schlange mit acht Köpfen und sechzehn Giftzähnen oder einen Zombie mit aufgeschlitztem Bauch.

»Setz dich mal hin«, sagt Frau Schuster und schiebt Christian sanft auf Richards Bank zu.

Du lieber Gott, denke ich. Ausgerechnet neben Richard soll er sitzen. Neben Richard, wo es noch keiner länger als einen Tag ausgehalten hat. Neben Richard, der einen mit Stecknadeln piekt, der einem ins Heft spuckt, der einem seine fettigen Leberwurstbrote an den Pulli klebt.

Christian tut mir leid.

Jetzt, wo Frau Schuster ihren Arm von seinen Schultern nimmt, fängt er an zu zittern.

»So«, sagt Frau Schuster und geht nach vorne an die Tafel. »Dann wollen wir mal.«

Wir haben Rechnen, und obwohl Rechnen mein Lieblingsfach ist, kann ich mich heute nicht konzentrieren. Immer wieder muß ich zu Christian gucken. Richard grinst ihn blöde von der Seite an. Christian zittert immer mehr.

Als es zur Pause klingelt, gehe ich zu ihm hin. »Hallo«, sage ich. »Soll ich dir den Hof zeigen?«

Aber Christian schweigt und sieht mich nicht an. Wie ein verschreckter Hase hockt er da und starrt auf die Tischplatte. Alle gucken ihn an. Er zittert und zittert.

»Zitteraal«, sagt Richard. »Wir haben einen Zitteraal in der Klasse!« Dann hebt er seine rechte Hand und schlägt krachend auf den Tisch.

Christian fährt zusammen. Er wird noch blasser. Seine Zähne schlagen aufeinander, so sehr zittert er.

Was kann ich tun, damit Christian nicht solche Angst hat?

Auf einmal sehe ich, daß Christians Hose sich vorne dunkel färbt. Richard sieht es auch.

»Der pißt!« brüllt er. »Guckt euch das an! Der Zitteraal pißt sich in die Hose!«

Es ist jetzt ganz still in der Klasse. Alle starren auf Christians Hose. Eylem und Sabrina machen bestürzte Gesichter. Ich glaube, denen tut Christian genauso leid wie mir.

Stocksteif sitzt Christian auf seinem Stuhl. Er hat die Augen zugekniffen, die Lippen fest aufeinandergepreßt.

Plötzlich nimmt Richard seinen Kaugummi aus dem Mund und klebt ihn Christian auf die Stirn. Er holt aus und schlägt den Gummi mit der flachen Hand platt.

Christian rührt sich noch immer nicht. Aber mir langt es jetzt.

»Du hundsgemeine Pfeife!« brülle ich Richard an. »Du blöder Dreckbesen! Du bist ja nicht ganz dicht!«

Richard lacht. Das macht mich noch wütender. Ohne

nachzudenken, greife ich nach meiner Schulmilch, reiße den Deckel runter und schleudere Richard die Milch ins Gesicht.

Es platscht gewaltig. Richard steht wie ein begossener Pudel vor uns und glotzt blöd. Die weiße Milch tropft von seinem Gesicht auf seinen Pullover, auf seine Stiefelspitzen.

Alle halten die Luft an vor Schreck.

Dann klingelt es zur zweiten Stunde.

»Das wirst du mir büßen«, preßt Richard zwischen den Zähnen hervor. Dann rennt er raus aufs Klo, um sich die Milch abzuwaschen. Frau Schuster kommt in die Klasse, und alle setzen sich auf ihre Plätze.

Christian zittert jetzt nicht mehr. Eylem sieht mich an, als wäre ich ein Held. Aber mir ist nicht sehr heldenhaft zumute. Ich denke an Richard, der jetzt bestimmt einen fiesen Plan gegen mich schmiedet.

Was wird er sich wohl überlegen?

4

Heute hatten wir schon nach der dritten Stunde frei, denn unsere Turnlehrerin ist krank. Ganz schnell bin ich nach Hause gegangen, um Richard auf dem Weg nicht zu begegnen.

Es ist schön, alleine in der Wohnung zu sein. Langsam gehe ich durch alle Räume. In der Küche steht das Frühstücksgeschirr noch auf dem Tisch, und die Betten sind auch noch nicht gemacht.

Ich lege mich für einen Moment in das Bett von meiner Mutter. Es riecht nach Hautcreme und Waschpulver und nach dem Kater Knisterbusch. Der Kater scheint draußen zu sein; ich kann ihn nirgends entdecken.

Was soll ich jetzt machen? Es gibt so vieles, was ich tun könnte, daß ich erst mal gar nicht weiß, wie ich mich entscheiden soll. Mit der Schweinestadt spielen? Nachschauen, ob schon etwas im Fernsehen kommt?

Ich hole mein Schifferklavier aus der Kommode und spiele ein kleines Lied. Die vielen Töne füllen mein Zimmer bis unter die Decke; dann, als ich aufhöre zu spielen und es still wird, ist die Luft wieder leer.

Es ist noch nicht Mittag, aber ich habe schon ein bißchen Hunger.

Ich hole mir ein Glas Wiener Würstchen aus dem Kühlschrank, aus der Speisekammer einen Topf Schokoladencreme und eine saure Gurke. Dann setze ich mich in der Küche auf die Fensterbank und esse: ein Bissen Wurst, ein

Bissen Gurke, ein Löffel Schokoladencreme. Danach das gleiche noch mal von vorn und noch mal, bis nichts mehr da ist. Das schmeckt!

Der Gurkensaft läuft über mein Kinn, über meine Hände. Ich lutsche meine Finger ab und strecke mich lang auf der Fensterbank aus.

Keiner, der sagt: Iß nicht wie ein Schwein! Keiner, der sagt: Geh von der Fensterbank, die geht sonst kaputt! Keiner, der mich stört.

Im Hof unten schaltet einer sein Autoradio an. Eine Frauenstimme lobt eine Hühnersuppe, dann knödelt ein Schlagersänger: »Wahann kommst duhu zu mihir zurühück?«

Ich höre mir das Lied bis zum Schluß an. Dann denke ich: Zu so einem Mann würde ich auch nicht zurückkommen. Diese weinerliche Knödelstimme! Das hält doch kein Mensch aus.

Wie ich so daliege und die Musik höre, fällt mir Richard wieder ein.

Wird er mich jetzt wirklich plattmachen, wie er es schon so oft angedroht hat?

Ich befühle meine Muskeln – schlecht sind die nicht. Und klein bin ich auch nicht gerade. Ob ich es mit Richard aufnehmen könnte?

Es klingelt an der Tür.

Erst will ich gar nicht aufmachen, aber dann gehe ich doch und sehe nach, wer es ist.

Es ist Suse aus dem vierten Stock. Sie sitzt im dunklen Treppenhaus und heult.

Die hat mir gerade noch gefehlt.

»Was ist denn?« frage ich unwirsch.

Suse schluchzt vor sich hin. Tränen und Rotz laufen über ihr Gesicht.

»Meine Mama ist nicht da«, bringt sie heraus. »Und ich muß so dringend aufs Klo!«

»Hast du denn keinen Wohnungsschlüssel?« frage ich.

Suse schüttelt den Kopf. Verzweifelt starrt sie auf den Fußabtreter.

»Komm halt rein«, sage ich und führe sie zum Klo. Eigentlich wollte ich jetzt in aller Ruhe an der Schweinestadt bauen, bis es Mittagessen gibt. Aber natürlich kommt Suse, nachdem sie fertig ist, in mein Zimmer.

Unten im Hof dudelt noch immer das Radio. Jetzt singt eine Frau: »Meine Liebä zu dirr ist so weit wie das Märr, oho, ich liebä dich so särr!«

Suse hebt ihren Kopf und schnuppert.

»Hier riecht es gut«, sagt sie. »Nach Wurst.«

»Ja«, sage ich. Wenn sie glaubt, ich mache ihr jetzt auch noch was zu essen, hat sie sich geschnitten.

»Ich könnte schon auch eine Wurst vertragen«, sagt Suse leise.

»Sehr interessant«, antworte ich und bleibe stocksteif stehen. Aber dann gehe ich doch an den Kühlschrank und hole eine Wurst für Suse.

Als ich zurück in mein Zimmer komme, sitzt Suse mitten in der Schweinestadt. Vorsichtig nimmt sie eines der Knete-Schweine in die Hand. »Sind die lieb«, flüstert sie.

»Deine Wurst«, sage ich laut und halte ihr den Teller unter die Nase. »Bring mir da ja nichts durcheinander.«

Suse schüttelt den Kopf. »Bestimmt nicht«, sagt sie. »Ich will es nur anschauen.«

Dann entdeckt sie das Krokodil am Kneipentresen. Sie lacht. »Was macht denn der da?« fragt sie.

Fast hätte ich schon angefangen zu erzählen. Daß das Krokodil den Schweinewirt einen »elenden Stinkstiefel« genannt hat. Daß es schon längst eins aufs Maul hätte kriegen müssen. Aber dann bin ich lieber still. Schließlich will ich, daß Suse bald wieder geht. Nicht, daß ich Suse doof fände. Aber ich spiele eben lieber alleine.

»Deine Wurst«, sage ich noch einmal.

Aber Suse hat ihren Hunger vergessen. Sie schaut die Wurst gar nicht mehr an. Statt dessen langt sie in die Knetekiste und knetet ein neues Schwein. Eins mit Busen.

»Die Bardame«, sagt Suse. »Sie ist schön wie Schneewittchen und ganz verliebt in den Wirt. Dem Alligator schenkt sie einen Schnaps nach dem andern ein. Wenn er besoffen ist, klaut sie ihm die Brieftasche.« Als sie mein nachdenkliches Gesicht sieht, ruft sie: »Geschieht ihm doch recht!«

Ich weiß nicht so recht, wie ich das mit der Bardame finde. Schlecht ist die Idee nicht. Man müßte allerdings noch eine Brieftasche kneten und Schnapsgläser. Aber ehe ich noch zu Ende gedacht habe, ist Suse schon dabei. Sie knetet drei winzige Schnapsgläser. Ich muß schon sagen, sie ist sehr geschickt.

Schon wieder klingelt es an der Tür.

Ich stelle den Teller mit der Wurst neben Suse auf den Boden und mache die Tür auf.

Suses Mutter steht im Treppenhaus.

»Ja«, sage ich. »Suse ist hier.«

»Hol sie her, Felix«, sagt Suses Mutter. »Sie soll sich beeilen. Wir müssen um zwölf beim Zahnarzt sein!«

Als ich zurück in mein Zimmer komme, strahlt Suse mich an. Sie hält mir etwas hin: eine dicke, kleine Brieftasche aus brauner Knete.

»Deine Mutter ist da«, sage ich. »Du mußt jetzt zum Zahnarzt.«

»Och«, sagt Suse enttäuscht.

Aber dann steht ihre Mutter auch schon im Zimmer.

»Komm, mach«, sagt sie nervös. »Wir sind spät dran!« Sie schnappt sich Suse und schiebt sie vor sich her ins Treppenhaus.

Die Wohnungstür klappt zu. Suse ist weg.

Die Knete-Brieftasche liegt neben Suses Wurst.

Ob Suse nach dem Zahnarzt noch mal bei mir klingelt?

5

Ich weiß nicht, ob Suse nach dem Zahnarzt noch mal bei mir geklingelt hat. Ich bin nämlich jetzt nicht zu Hause, sondern mit meiner Mutter bei C & A.

Ich mußte mit, obwohl ich gebettelt habe, daß meine Mutter mich zu Hause läßt. Weil ich die Schweinestadt weiterbauen wollte, weil ich auf Suse warten wollte. Und weil ich C & A so schrecklich finde.

»Papperlapapp!« hat meine Mutter gesagt. »Du kommst jetzt mit! Du kriegst sonst noch den Wohnungskoller.«

Und dann hat sie mir wieder diese kratzige Mütze übergezogen, und wir sind losgefahren. Und jetzt sind wir bei C & A.

»So ein Stadtbummel ist doch was Schönes!« sagt meine Mutter fröhlich, als wir auf der Rolltreppe sind. »Du kriegst lauter neue Sachen, und nachher gehen wir ein Eis essen.«

Also, schön kann ich es hier wirklich nicht finden. Ich bin eingequetscht zwischen lauter Hintern in feuchten, muffigen Mänteln. Manchmal kriege ich einen Ellenbogen an den Kopf, oder jemand latscht mir auf die Hacken.

In der Kinderabteilung geht es zu wie im Irrenhaus. Babys schreien, so laut und verzweifelt, daß sie dunkelrot anlaufen. Ein blondes Mädchen kriegt eine Ohrfeige von seiner Mutter. Es fängt an zu heulen, schleudert seinen Anorak auf den Boden und trampelt darauf herum. Die Verkäuferin kommt und schreit die Mutter an, denn der Anorak, auf dem das Mädchen herumtrampelt, gehört C & A. Überall zwischen den Kleiderständern hört man es zischeln, als wäre der Laden voller Giftschlangen: »Wenn du jetzt nicht sofort diese Jakke . . .« – »Entscheide dich jetzt, verdammt noch mal, sonst . . .«

»Du brauchst zuallererst mal eine Hose«, stellt meine Mutter fest. Sie zieht mich zu einem Ständer mit grünkarierten Hosen, das Stück zu dreißig Mark.

»So was zieh ich nicht an«, sage ich schnell. Aber meine Mutter hat schon eine der Hosen in der Hand.

»Wieso denn nicht?« fragt sie. »Die Qualität ist gut, und preiswert ist die Hose auch.«

Meine Mutter klemmt sich die Hose unter den Arm und schiebt mich vor sich her zu den Umkleidekabinen. Eine endlose Schlange hat sich vor den Kabinen gebildet – quengelnde Kinder, Mütter mit bösen Gesichtern.

»O Gott!« sagt meine Mutter entsetzt. »Das dauert ja Stunden, bis da was frei wird! Weißt du was? Du probierst die Hose schnell hier draußen an.« Schon kniet sie sich vor mich hin und fingert an meiner Gürtelschnalle.

»Laß mich!« brülle ich und reiße mich los. »Ich zieh mich hier nicht aus! Und überhaupt: Ich will diese maikäferscheiß-grüne Hose nicht haben! Ich will nach Hause!«

Nun gucken sie alle zu uns hin, die Verkäuferinnen, die Mütter in der Kabinenschlange, die Kinder in der Kabinenschlange.

Meine Mutter kriegt einen roten Kopf.

»Felix«, sagt sie mit leiser, gefährlicher Stimme. »Wenn du jetzt nicht sofort diese Hose anziehst, dann . . . dann . . .«

Jetzt fällt ihr nichts mehr ein.

Immer noch schauen uns alle Leute an. Es ist wie im Theater, als ob meine Mutter und ich auf einer Bühne stehen.

»Ich will die Hose nicht«, sage ich. »Ich will nach Hause.«

»Und wenn wir einen Whopper essen gehen?« fragt meine Mutter flehend. »Ziehst du dann die Hose an?«

Ein Whopper wäre nicht schlecht. Aber trotzdem, ich bleibe beinhart. Lieber gehe ich das ganze restliche Jahr in meiner geflickten Jeans als in dieser grünkarierten Hose.

»Nein«, sage ich. »Ich ziehe sie nicht an.«

»Na gut«, sagt meine Mutter. Jetzt klingt ihre Stimme eiskalt. Mit seltsam gekräuselten Lippen hängt sie die Hose zurück an den Ständer. Ihr Gesicht sieht aus, als wäre es aus Stein. Kerzengerade, als ob sie einen Spazierstock verschluckt hätte, geht meine Mutter vor mir her zur Rolltreppe.

Den ganzen Nachhauseweg redet sie kein Wort mit mir.

Ich denke nach. Warum können wir nicht in kleineren Läden einkaufen, wo nicht so ein Gedränge ist? Oder unsere Sachen im Versandhaus bestellen? Da kann man sich in aller Ruhe aussuchen, was man will, zu Hause, vom Sofa aus. Der Postbote bringt einem alles bis an die Tür.

Als wir in der Wohnung sind, sagt meine Mutter: »Du gehst jetzt sofort in dein Zimmer. Ich hab die Nase voll von deinem Eigensinn.«

Dann dreht sie sich um und stellt den Wasserkessel auf den Herd.

»Bitte«, sage ich. »Wie du willst.«

Ich gehe in mein Zimmer und mache die Tür zu.

Meine Mutter hat es nicht gemerkt, aber im Grunde bin ich sehr, sehr wütend.

Ich bin wütend auf die Erwachsenen.

Bolzplatz, Zahnarzt, C & A! Überall schleifen sie uns einfach hin, ohne zu fragen, was wir wollen. Sie ziehen einem die Hosen aus, in aller Öffentlichkeit. Und wenn man nicht immer alles so mitmacht, wie sie es sich vorstellen, dann sind sie beleidigt.

Also, normal ist das nicht.

6

Heute ist Sonntag.

Sonntag – das ist Aufwachen und erst mal gar nicht wissen, daß Sonntag ist. Man wundert sich, daß es draußen noch still und schon hell ist. Dann denkt man: Mensch, heute ist Sonntag. Nicht aufstehen müssen. Kein Gehetze beim Frühstück. Kein Ärger mit blöden Typen wie Richard. Keine Schule.

Statt dessen kann ich schlafen, solange ich will. Ich drehe mich noch mal auf die Seite. Es ist fast elf Uhr, als ich meinen Vater in der Küche mit dem Geschirr klappern höre.

»Frühstück!« ruft er.

Ich stehe auf und laufe auf nackten Füßen in die warme Küche. Als ich am Fenster vorbeikomme, sehe ich, wie Suse und ihre Mutter über den Hof gehen. Sie haben ernste Gesichter und sind sehr fein angezogen.

Arme Suse, denke ich. Sicher muß sie mitgehen auf einen stinklangweiligen Sonntagsbesuch.

»Zieh dir was an die Füße«, sagt meine Mutter, als ich in die Küche komme.

Ich mag es gerne, wie meine Mutter am Sonntagmorgen aussieht. Sie hat nicht die graue Bürojacke an, sondern einen blauen Mantel aus seidigem Stoff. Ihre Haare sind nicht zusammengebunden, sondern hängen ihr wirr um den Kopf herum. Ihre Augen sind rund und blank.

»Mama«, sage ich und gebe ihr einen Kuß auf die Backe, die noch warm ist vom Schlaf. »Du bist die Schönste«, flüstere ich.

Meine Mutter lacht und zieht mich auf ihren Schoß. Sie streift mir meine Hüttenschuhe über die nackten Füße. Dann streichelt sie meine Waden. Ein warmer Schauer rieselt über meinen Rücken.

Mein Vater schenkt uns Tee ein, und ich setze mich auf meinen Stuhl.

»Was machen wir heute?« fragt mein Vater und schlägt die Zeitung auf. »Kinderfest im Urania-Haus«, liest er vor. »Riesengaudi über zwei Etagen, mit Spaghetti-Schlacht und Tombola!«

Ich beiße in mein Honigbrötchen und sage nichts.

»Oder hier«, liest mein Vater weiter. »Nachmittag der Superlative! Lebensgroße Disney-Figuren auf Rollschuhen bedienen Sie und Ihre Sprößlinge beim großen Pizza-Essen im Hotel Alsterhof! Pappsatt und mopsfidel für acht Mark fuffzig!«

Begeistert guckt mein Vater mich an.

»Seit wann stehst du denn auf Mickymäusen?« frage ich. »Das wußte ich ja noch gar nicht.«

»Ich?« fragt mein Vater. Er dehnt das Wort wie Kaugummi. »Wieso ich?«

»Na, du willst doch dahin, oder?« frage ich.

»Ach was«, sagt mein Vater. Und dann hält er einen kleinen Vortrag. Ihm wären die Mickymäuse selbstverständlich piepegal. Aber ihm wäre es wichtig, daß wir am Wochenende als Familie gemeinsam etwas unternehmen.

Meine Güte, denke ich. Er begreift es anscheinend nie.

»Wir können doch auch gemeinsam zu Hause bleiben«, schlage ich vor. »Die ganze Woche über ist was los. Wir können es uns doch einfach mal gemütlich machen.«

Mein Vater legt die Zeitung weg. Meine Mutter seufzt. Ich weiß nicht genau, warum sie seufzt. Ist sie böse, weil ich schon wieder etwas anderes will als mein Vater und sie? Oder ist sie froh, daß sie nicht zur Spaghetti-Schlacht muß?

Gespannt warte ich ab, was passiert.

Ich habe gerade das letzte Stück von meinem Brötchen heruntergeschluckt, als meine Mutter plötzlich aufsteht.

»Wißt ihr was?« fragt sie. »Ich geh ein Stündchen in die Wanne.«

Mein Vater nickt. »Nicht schlecht«, meint er. »Dann seh ich mir den Frühschoppen an.« Er häuft sich ein paar Scheiben Mortadella auf seinen Frühstücksteller und geht damit ins Wohnzimmer.

Und ich?

Ich krabbel wieder in mein Bett.

Durch die offene Tür sehe ich meinen Vater in seinem Fernsehsessel sitzen. Er hat die Beine hochgelegt und schiebt sich eine Scheibe Mortadella nach der anderen in den Mund.

Meine Mutter plätschert in der Wanne. Würziger Fichtennadelduft durchzieht die Wohnung, und meine Mutter summt »O Tannenbaum« vor sich hin. Dabei haben wir Frühling.

Genau so, denke ich, muß ein richtiger Sonntag sein.

Warum bloß müssen die Erwachsenen immer alles so schwer machen?

Vor meinem Fenster rauscht die Flimmerbirke. Der Wind pfeift, irgendwo schlägt ein Fenster zu.

Ich mummel mich fest in meine Decke ein. Den ganzen Tag werde ich zu Hause bleiben. Am Nachmittag werde ich die Schweinestadt weiterbauen, eine Allee aus vierundzwan-

zig Kakteen. Dann kriegt die Bardame einen roten Porsche und einen Pelzmantel aus Hasenfell.

Suse wird staunen, wenn sie das nächste Mal kommt.

Ich werde das Lied »Yankee Doodle« auf meinem Schifferklavier einstudieren, damit ich es Suse in einem Rutsch herunterspielen kann. Später dann kann ich ins Café Postillion gehen und frische Mandelhörnchen mit Schlagsahne holen.

Es gibt so viele schöne Dinge, die man an einem solchen Sonntag machen kann.

7

Heute kann ich mich nicht gut auf den Unterricht konzentrieren.

Richard, der hinter mir sitzt, grinst. Er grinst schon den ganzen Morgen. Sein blödes Grinsen macht mich verrückt. In jeder Pause bin ich drauf gefaßt, daß er sich auf mich stürzt. Daß er mit seinen Kuchentellerhänden ausholt. Daß er mich fürchterlich trifft.

Wenn er mich angreift, werde ich ihn treten. Ich werde ihm ein Büschel Haare vom Kopf reißen. Ich werde ihn beißen, so fest ich nur kann.

Aber es ist seltsam. Wir haben schon die vierte Pause, und Richard hockt immer noch auf seinem Platz und grinst.

Ich denke nach, was er vorhaben könnte.

Will er mich nach der Schule vor den Autobus schubsen? Hat er mir Gift in die Schulmilch getan und wartet jetzt ab, bis ich vom Stuhl falle und elend sterbe? Will er meine Mutter entführen?

Es klingelt zur fünften Stunde; jetzt haben wir Rechnen bei Frau Schuster.

»Die Frisur!« flüstert Eylem Christian zu, als Frau Schuster das Klassenzimmer betritt.

Lächelnd geht Frau Schuster zum Pult. Sie wirkt sehr zufrieden. Vielleicht hat sie Geburtstag? Ihre Frisur gefällt mir gut. Einen richtigen Turm aus braunem Haar hat sie auf dem Kopf. Wie eine Königin sieht sie aus.

Frau Schuster geht ans Pult und macht die Schublade auf.

Plötzlich sehe ich etwas Schwarzes, Haariges hochspringen. Es springt direkt in Frau Schusters Gesicht. Dann prallt es an ihrer Stirn ab. Ein furchtbarer Schrei gellt durchs Klassenzimmer. Der Schrei kommt aus Frau Schusters Mund und klingt so grausig, daß ich eine Gänsehaut kriege.

Das schwarze Ding fällt auf den Boden.

Jetzt sehe ich, was es ist: eine Spinne mit acht dicken Beinen, die langsam auf den Papierkorb zukriecht. Das muß eine Schwarze Witwe sein – oder mindestens eine Vogelspinne.

Frau Schuster starrt auf die Spinne, und dann schreit sie ein zweites Mal. Ich ziehe den Kopf ein, so schrecklich klingt es. Als würde einer vom Hochhaus fallen. Als würde einer bei lebendigem Leib gefressen.

Als ich die Augen wieder aufmache, sehe ich, wie die Spinne auf die Seite fällt und reglos liegenbleibt. Unten an ihrem fetten, haarigen Körper ist ein Knopf.

Die Spinne ist zum Aufziehen!

»Die ist gar nicht echt!« brülle ich gegen Frau Schusters Schreien an. »Die ist aus Plastik!«

Augenblicklich klappt Frau Schuster ihren Mund zu. Mißtrauisch wartet sie ab, was die Spinne macht. Sie macht nichts
mehr.

Frau Schuster läßt sich mit einem Seufzer in ihren Stuhl
fallen. Ich höre, wie hinter mir alle aufatmen.

»Wer hat mir diesen Streich gespielt?« fragt Frau Schuster
leise.

Sie tut mir so leid. Ich weiß, wie sehr sie sich vor Spinnen
fürchtet. Letzten Sommer hatten wir eine ganz kleine Baby-
Spinne im Klassenzimmer. Die saß ganz friedlich neben der
Tafel. Frau Schuster hat sich so gefürchtet, daß der Hausmei-
ster kommen mußte, um die Spinne einzufangen. Immerhin
hat Frau Schuster aufgepaßt, daß er sie nicht verletzt oder
getötet hat, und er mußte sie im Garten wieder freilassen.

Hinterher hat Frau Schuster uns erklärt, daß ihr älterer
Bruder ihr früher, als sie noch klein war, erzählt hat, Spinnen
wären in Wirklichkeit böse Geister. Die Kreuzspinnen wären
besonders schlimm, hat er ihr gesagt, deshalb müßten sie zur
Strafe ihr Leben lang ein Kreuz auf dem Rücken tragen. Inzwischen sei ihr zwar klar, was das für ein Quatsch sei, aber
die Angst sei trotzdem geblieben.

»Ich weiß, wer das war«, höre ich Richard plötzlich hinter
mir sagen. »Es war Felix.«

Erst denke ich, ich träume. Plötzlich gucken alle zu mir.

»Was?« rufe ich. »Du hast sie wohl nicht mehr alle!«

Nie würde ich so etwas tun. Frau Schuster hätte einen
Herzschlag kriegen können. Und außerdem ist sie meine
Lieblingslehrerin.

»Du, Felix?« fragt Frau Schuster erstaunt.

Noch ehe ich etwas sagen kann, fängt Richard wieder an

zu reden: »Er hat sie von zu Hause mitgebracht, ich hab es gesehen! Die Packung hat er ja noch in der Tasche!«

Mit drei schnellen Schritten ist Frau Schuster bei mir. Sie greift nach meiner Schulmappe, stellt sie auf den Tisch und macht sie auf. Soll sie doch, denke ich. Gleich wird sie sehen, daß Richard lügt.

»Tatsächlich!« höre ich Frau Schuster sagen. Sie zieht eine viereckige Pappschachtel aus meiner Mappe. *Monster-Spider, der Partyschreck Nummer eins!* steht auf der Schachtel. *Nur für Leute mit starken Nerven!*

Ich bin sprachlos. Wie kommt diese Schachtel in meine Mappe? Aber dann schießt es mir wie ein heißer Blitz durch den Kopf.

Richard!

Er hat die Spinne im Pult versteckt und die Packung in meine Tasche geschmuggelt. Das also ist Richards Rache.

»Felix«, sagt Frau Schuster, »ich bin sehr, sehr enttäuscht von dir.«

Mein Mund ist plötzlich ganz trocken.

»Frau Schuster!« bringe ich mühsam heraus. »Das ist nicht meine Spinne! Ich war es nicht, Ehrenwort!«

Aber Frau Schuster dreht sich einfach um und geht nach vorne. Mit spitzen Fingern hebt sie die Spinne vom Boden auf, legt sie zurück in die Schachtel und verstaut die Schachtel in ihrer Handtasche.

Dann setzt sie sich ans Pult und nimmt das Rechenbuch zur Hand.

»Seite 23«, sagt sie, als ob nichts gewesen wäre.

Alle schlagen ihre Bücher auf. Niemand sagt ein Wort.

Ich kann es nicht glauben. Denken die wirklich, daß *ich* Frau Schuster den Streich mit der Spinne gespielt habe?

»Frau Schuster!« rufe ich. »Ich war es nicht!«

Aber Frau Schuster sieht mich nicht einmal mehr an.

»Die Textaufgabe rechts oben«, sagt sie. »Christian, lies bitte mal vor.«

Christian liest.

Mir ist kalt. Richards böser Blick brennt in meinem Nakken. Mir wird schlecht von seinem Grinsen. Ich fühle, wie Tränen in meine Augen steigen. Aber Heulen ist sinnlos, und es hat auch keinen Zweck, wenn ich immer wieder sage, daß ich es nicht war. Niemand wird mir glauben, nachdem Frau Schuster die Spinnenpackung in meiner Tasche gefunden hat.

Nur einer außer mir kennt die Wahrheit.

Richard.

8

Heute mag ich mittags nichts essen. Meine Mutter sagt, sie hat Kopfschmerzen. Sie sagt, die Schmerzen rasen durch ihren Kopf wie ein brennendes Rad. Gleich nach dem Essen geht sie ins Schlafzimmer, läßt das Rollo herunter, so daß es im Zimmer ganz dunkel ist, und legt sich ins Bett.

Also erzähle ich ihr lieber nichts.

Als ich in meinem Zimmer bin, ist mir, als wären die Wände grau. Als hinge eine stinkende Wolke unter der Decke. Draußen regnet es. So schwer sind Sorgen, denke ich. Wie ein nasser Stein liegen sie auf meinem Herzen und drücken es zusammen. Meine Gedanken fahren Karussell.

Warum ist Richard so gemein? Wie kann ich Frau Schuster beweisen, daß nicht ich es war, der die Spinne in ihr Pult getan hat? Wird sie mir glauben? Und wenn nicht, wird sie mir dann für immer böse sein?

Auf einmal fürchte ich mich vor der Welt. So schnell kann man hereingelegt werden. Und so schwer kommt man aus allem wieder heraus.

Es klingelt. Es klingelt gleichzeitig an der Tür und am Telefon. Ich laufe raus auf den Flur. Meine Mutter kommt aus dem Schlafzimmer. Sie ist sehr blaß, und sie hat schwarze Ringe unter den Augen.

»Geh du zur Tür«, sagt sie. »Ich geh ans Telefon.«

Ich mache die Tür auf. Draußen steht Suse.

Suse lacht, ich lache auch.

»Da!« sagt Suse und streckt mir ihre Hand hin. Auf ihrer

Handfläche liegt ein winziger Hut aus Knete, daneben ein Paar rote Stöckelschuhe, auch aus Knete. In der anderen Hand hat Suse einen grünen Knete-Sportwagen: ein flacher Flitzer mit elegantem Heck.

»Komm«, sage ich. »Wir bauen es gleich auf.«

Suse und ich gehen in mein Zimmer. Im Vorbeigehen sehe ich meine Mutter im Wohnzimmer sitzen. Ihr Gesicht ist ernst. Sie raucht und telefoniert.

»Unglaublich«, sagt sie gerade. »Den nehme ich mir aber vor.«

Ob es um Papa geht? Ob er wieder etwas gekauft hat und die Rechnung nicht bezahlt ist? Mein Vater zahlt immer erst im letzten Moment, nach der dritten Mahnung. Er sagt, vielleicht wird mal eine Rechnung vergessen, dann hätten wir das Geld gespart. Meine Mutter ärgert sich darüber. Ihr sind die Mahnungen peinlich. Die beiden streiten oft über dieses Thema.

Ich schiebe Suse in mein Zimmer und mache die Tür fest hinter uns zu. Suse zieht der Bardame die Stöckelschuhe an und setzt ihr den Hut auf. Den grünen Knete-Flitzer parkt sie direkt vorm Bierlokal.

»Der gehört der Bardame«, erklärt Suse. »Wenn sie die Brieftasche vom Krokodil geklaut hat, muß sie sich schnell verdünnisieren können.«

»Und wo verdünnisiert sie sich hin?« frage ich.

»In ihren Bungalow«, sagt Suse. »Den hat ihr Papa ihr geschenkt. Ein Bungalow mit Markisen, mit Garten und einem Swimmingpool. Am Abend kommt der Schweinewirt, und die beiden schmusen in der Hollywood-Schaukel. Los, das müssen wir jetzt alles bauen.«

Suse zieht ein Päckchen frische Knete aus der Tasche. Die Farben sind schön leuchtend, weil die Knete noch neu ist. So wird unser Rasen richtig grün, das Wasser im Pool richtig blau und die Markise richtig rosa.

Es ist eine Pracht.

Plötzlich steht meine Mutter im Zimmer.

»Felix«, sagt sie. »Ich hatte ein Gespräch mit Frau Schuster. Du wirst wohl wissen, warum. Mach dich fertig, wir fahren sofort in die Schule. Bis zwei Uhr hat Frau Schuster Sprechstunde. Du wirst dich bei ihr entschuldigen.«

Richard, denke ich. Die Spinne. Das hatte ich jetzt fast vergessen.

»Und du gehst nach Hause«, sagt meine Mutter zu Suse.

»Kann ich später wiederkommen?« fragt Suse. Sie legt den Kopf schief und lächelt meine Mutter an.

»Nein«, sagt meine Mutter barsch.

Suse lächelt nicht mehr. Sie wird rot. Schnell wie ein Eichhorn springt sie auf die Füße. Dann läuft sie raus.

Bleib doch da! möchte ich rufen. Geh nicht weg!

Aber mein Hals ist wie zugeschnürt.

»Ein tolles Ding hast du dir da geleistet«, sagt meine Mutter. »Wirklich ein starkes Stück. Beeil dich jetzt. Wir müssen los.«

»Ich war es doch gar nicht«, sage ich.

Aber meine Mutter macht es genau wie Frau Schuster. Sie tut, als habe sie nichts gehört. Sie dreht sich um und geht ins Schlafzimmer. Will sie denn gar nicht wissen, wie es wirklich war?

Ich schaue zu, wie meine Mutter sich an den Frisiertisch setzt. Sie pudert ihr Gesicht. Sie legt eine Perlenkette um ihren Hals. Sie besprüht sich mit Parfüm und kämmt ihr Haar zurück.

Sie ist mir fremd.

9

Im Lehrerzimmer der Schule ist die Luft rauchig und schwer. Ganz allein sitzt Frau Schuster an dem langen Tisch. Sie korrigiert Hefte. Als wir zu ihr hingehen, schiebt sie den Heftstapel von sich weg und setzt die Brille ab.

Meine Mutter und Frau Schuster geben sich die Hand.

»Gut, daß Sie so schnell gekommen sind«, fängt Frau Schuster an. »Wir sollten wirklich mal miteinander reden. Ich bin noch immer ganz perplex darüber, daß ausgerechnet Felix eine solche Gemeinheit gegen mich ausheckt.«

»Er wird sich bei Ihnen entschuldigen«, sagt meine Mutter. »Es tut ihm sehr leid.«

Dann ist es still im Raum. Frau Schuster und meine Mutter schauen mich an und warten.

»Also los jetzt!« zischt meine Mutter. »Sag, daß es dir leid tut!«

»Mir tut nichts leid«, erwidere ich. »Und ich entschuldige mich auch nicht. Ich habe die Spinne nicht ins Pult getan. Jemand anderes hat es getan.«

Nachdenklich sieht meine Mutter mich an.

»Könnte es nicht sein, daß er recht hat?« fragt sie Frau Schuster. »Daß wirklich ein anderes Kind diesen Streich zu verantworten hat?«

Entschieden schüttelt Frau Schuster den Kopf.

»Nein«, sagt sie. »Der Fall ist ganz eindeutig. Aber um eine Entschuldigung geht es mir auch gar nicht. Es ist eher so, daß ich mir Sorgen um Felix mache. Ein Kind, das sich eine solche Gemeinheit ausdenkt – dem kann es einfach nicht gutgehen.«

Der Ausdruck im Gesicht meiner Mutter verändert sich, während Frau Schuster spricht. Eben sah sie noch wütend aus, jetzt wirkt sie plötzlich besorgt. Auch Frau Schuster sieht mich an, als wäre ich krank.

Wie mir das alles stinkt. Wie sie reden und reden um eine Sache, die es gar nicht gibt.

»Gerade weil eine solche Boshaftigkeit eigentlich nicht zu Felix paßt, ist die Sache beunruhigend«, sagt Frau Schuster. »Sein Verhalten ist allerdings auch sonst ziemlich auffällig. Er sondert sich ab, er ist eigensinnig. Er macht nur das, was er will.«

Na und? denke ich. Was ist schon dabei, wenn einer macht, was er will? Macht Frau Schuster vielleicht lieber das, was andere wollen?

»Wie ist er denn zu Hause?« fragt Frau Schuster. »Hat er in seiner Freizeit Kontakt zu anderen Kindern?«

Meine Mutter räuspert sich.

»Nun ja«, sagt sie zögernd. »Er ist gern zu Haus. Er spielt am liebsten allein.«

Frau Schuster nickt, als wollte sie sagen: Natürlich, das habe ich mir gedacht.

»Er hat keine Geschwister, nicht wahr?« fragt sie.

»Nein«, antwortet meine Mutter. Ziemlich zerknirscht betrachtet sie ihre Hände. Fehlt nur noch, daß sie sich bei Frau Schuster entschuldigt, weil sie nicht noch mehr Kinder auf die Welt gebracht hat.

»Nun«, sagt Frau Schuster, nachdem sie eine Weile nachgedacht hat. »Ein typisches Einzelkind-Syndrom. Allerdings ein extremer Fall. Der Streich mit der Spinne ist meiner Ansicht nach ein Resultat von Felix' sozialen Schwierigkeiten. Er fühlt, daß er im Abseits ist, und will sich mit ausgefallenen Aktionen Beliebtheit verschaffen. Offenbar kennt er keinen anderen Weg, Zuwendung zu erlangen, zum Beispiel durch Teamgeist, durch Kooperation, durch die Gemeinschaft mit anderen.«

Erschöpft von ihrem langen Vortrag hält Frau Schuster einen Moment inne.

Ich kann das alles gar nicht glauben. Wie die hier über mich redet! Als wäre ich gar nicht da. Und es stimmt nicht, was Frau Schuster sagt. Sie tut, als ob mich keiner leiden könnte.

Das ist nicht wahr. Außer mit Richard verstehe ich mich mit allen gut.

»Ja, und was könnte man da – ich meine . . . was könnten wir als Eltern tun, um Felix zu helfen?« fragt meine Mutter.

Es ärgert mich, daß sie so kleinlaut ist. Es tut mir weh, daß sie mir nicht glaubt und daß sie nicht zu mir hält. Dabei müßte sie mich doch am besten kennen.

»Felix sollte Mannschaftssport treiben«, schlägt Frau Schuster vor. »Und sorgen Sie dafür, daß er in seiner Freizeit viel mit anderen Kindern zusammenkommt. Wenn alles nichts hilft, könnten Sie einen Psychologen aufsuchen . . . da ist ja heutzutage nichts mehr dabei«, fügt sie schnell hinzu, als sie das erschrockene Gesicht meiner Mutter sieht.

Frau Schuster nimmt ihre Brille und verstaut sie sorgsam in ihrer Handtasche.

Ich sehe mir meine Lehrerin noch einmal ganz genau an. Ihr Haar finde ich noch immer schön. Und noch immer mag ich ihre braunen Augen. Aber meine Lieblingslehrerin ist sie nicht mehr.

Nachdem Frau Schuster und meine Mutter eine Weile geschwiegen haben, stehen sie fast gleichzeitig auf. Auch ich erhebe mich von meinem Stuhl.

»Danke, daß Sie sich die Zeit genommen haben«, sagt meine Mutter.

»Danke, daß Sie gekommen sind«, sagt Frau Schuster.

Dann sind wir draußen.

Wir steigen ins Auto.

Während wir uns im dichten Nachmittagsverkehr langsam vorwärts bewegen, beobachte ich meine Mutter von der Seite. Sie schweigt, und sie macht ihr Nachdenkgesicht.

Auf der Straße ist es laut. Menschen kreischen, Motoren knattern, Bremsen quietschen. Ein Hubschrauber donnert dicht über die Köpfe der Menschen hinweg.

Was für ein entsetzliches Durcheinander.

10

Wie wunderbar ist es, wieder zu Hause zu sein. Während meine Mutter und ich bei Frau Schuster waren, hat der Regen aufgehört. Die Sonne ist um unser Haus gewandert. Jetzt liegt sie über meinem Bett wie eine Decke aus Gold.

Ich lege mich hin. Ich strecke mich aus, mache meinen Körper ganz lang. Die Sonne wärmt mich. Sie scheint durch meine geschlossenen Augenlider, so daß ich ein orangefarbenes Lichtmeer sehen kann, mit unzähligen Flecken und Spiralen, die darin herumwirbeln.

»Wo ist das Telefonbuch?« ruft meine Mutter vom Flur her. »Ich melde dich jetzt im Sportverein an.«

Mit einem Satz bin ich vom Bett hoch.

»Bitte nicht!« rufe ich.

Ich sehe es vor mir. Eine Halle mit lauter Kindern, die ich nicht kenne und die ich auch nicht kennen will. Sie machen Bockspringen, das hasse ich. Sie turnen am Stufenbarren, das hasse ich. Sie machen Ballspiele, die ich am meisten hasse. Es riecht nach Fußkäse und nach Schweiß.

Ein Alptraum.

»Bitte nicht, Mama«, sage ich. »Bitte schick mich da nicht hin.«

Unschlüssig schaut meine Mutter mich an.

»Na gut«, sagt sie und klappt das Telefonbuch wieder zu. »Ich besprech es erst mal mit deinem Vater.«

Dann geht sie in die Küche und wäscht das Geschirr.

Normalerweise erledigen wir den Abwasch gemeinsam,

meine Mutter spült, und ich trockne ab. Aber heute mag ich nicht mitmachen.

Ich bin so müde. Ich krieche in mein Bett. Zwei dicke Tränen lösen sich aus meinem Herzen. Sie steigen den Hals und den Hinterkopf hoch, rollen nach vorne hinter meine geschlossenen Augenlider. Ich mache die Augen auf, und die Tränen quellen ins Freie.

»Felix?« sagt plötzlich jemand neben mir.

Es ist Suse. Sie ist also doch noch mal wiedergekommen. Ich habe sie gar nicht klingeln gehört.

»Schläfst du?« fragt Suse.

»Nö«, sage ich. »Hab nur geduselt.«

»Und geheult«, sagt Suse. Sie fährt mit dem Zeigefinger über meine Backe, wo die Haut noch naß von den Tränen ist.

»Quatsch«, sage ich.

Wir gehen rüber zur Schweinestadt. Die Bardame hat sich in ihrem Haus versteckt und zählt das Geld aus der geklauten Brieftasche. Es ist fast eine Million!

Was kann man machen mit einer Million?

»Nie mehr arbeiten«, sagt Suse. »Nur noch auf der faulen Haut liegen.«

»Einen Bauernhof kaufen«, sage ich. »Mit Schweinen und Hasen. Mit Hühnern und Kühen.«

»Um die Welt reisen«, sagt Suse. »Sich alles anschauen, von überallher etwas mitbringen. Seide aus Indien. Gold aus Mexiko. Eine Vogelspinne aus Madagaskar.«

»Hör bloß auf mit Spinnen«, sage ich. Und dann erzähle ich Suse die ganze Geschichte. Von Christian, der vor Angst in die Hose gepinkelt hat. Von Richard, der ihm seinen Kaugummi an die Stirn gepappt hat. Davon, daß ich Richard meine Schulmilch ins Gesicht geschleudert habe, und wie gemein er sich gerächt hat. Und daß mir niemand glaubt, daß nicht ich es war, der Frau Schuster mit der Spinne erschreckt hat.

»Die Spinnenpackung in deiner Tasche soll der Beweis sein, daß du es warst?« fragt Suse ungläubig.

Ich nicke.

Suse schüttelt den Kopf. »Müssen die alle doof sein«, sagt sie.

Draußen schlägt die Kirchturmuhr sechs.

»O Gott!« ruft Suse. »Ich muß rauf, meine Schwester hüten!«

»Du hast eine Schwester?« frage ich. Das wußte ich noch gar nicht. Ich dachte, Suse wäre alleine, so wie ich.

»Seit acht Wochen«, erklärt Suse stolz. »Sie sieht aus wie ein Mehlwurm. Komm sie ruhig mal anschauen, wenn du magst.«

Als ich Suse zur Wohnungstür bringe, sehe ich, daß mein Vater inzwischen heimgekommen ist. Er sitzt mit meiner Mutter in der Küche. Sie reden. Ob es um den Sportverein geht?

Mir schwant Übles.

11

Heute war in der Schule nichts Besonderes los. Frau Schuster war wieder so nett wie früher. Christian, der Neue, sitzt jetzt neben Eylem. Richard hat mich hämisch angegrinst, aber sonst hat er mich in Ruhe gelassen.

Ich freue mich auf heute nachmittag. Ich werde nach oben gehen und mir Suses Schwester ansehen.

Den ganzen Heimweg freue ich mich auf Suse und ihre Schwester. Ganz schnell werde ich essen, hintereinanderweg werde ich alle meine Aufgaben machen.

»Tag, Mama«, sage ich, als ich in die Wohnung komme.

Verdutzt bleibe ich stehen. Meine Mutter hat ihre rote Seidenbluse an. Die trägt sie nur, wenn was Besonderes ist. Im Wohnzimmer ist der Kaffeetisch gedeckt, mit dem blauen Geschirr aus dem Wandschrank, das wir sonst immer nur sonntags benutzen.

»In der Küche stehen Frikadellen!« ruft meine Mutter. »Iß schnell, wir kriegen gleich Kaffeebesuch, Frau Splettstößer mit ihren Töchtern!«

»Die Splettstößer?« frage ich. »Wieso denn die?«

Die Splettstößers wohnen ganz unten, im Parterre. Frau Splettstößer hat einen schwarzen Oberlippenbart und einen Französisch-Fimmel. Alles muß bei ihr französisch sein: das Auto, das Essen, die Kleider. Ihre beiden Töchter haben es irgendwie immer eilig. Sie brausen auf ihren Rädern die Straße herunter, und wenn ich sie mal im Treppenhaus treffe, witschen sie ganz schnell an mir vorbei.

Daß meine Mutter sich für die Splettstößers interessiert, ist mir ganz und gar neu.

»Bonjour«, sagt Frau Splettstößer, als sie kurz darauf mit ihren Töchtern unser Wohnzimmer betritt.

»Hallo, Felix«, sagen Natalie und Nadine. Sie lachen mich an und kichern. Sie haben beide lange Pferdeschwänze, und weil sie ihre Köpfe pausenlos bewegen, wippen die Pferdeschwänze hin und her.

Meine Mutter bittet uns alle an den Tisch.

»Oh, Kaffee, wunderbar!« sagt Frau Splettstößer mit einem Seufzer. »Den kann ich jetzt brauchen. War spät gestern. Mein Mann und ich, wir waren richtig schick aus.«

»Und Ihre Töchter?« fragt meine Mutter. »Bleiben die denn schon ganz alleine, wenn Sie abends ausgehen?«

Entgeistert starrt Frau Splettstößer meine Mutter an.

»Na hören Sie!« sagt sie. »Die sind acht und neun Jahre. Da sind Kinder doch längst selbständig.« Frau Splettstößer leert ihre Kaffeetasse und stellt sie mit einem sanften Knall zurück auf den Tisch.

»Und Abendbrot macht ihr euch alleine?« fragt meine Mutter die beiden Mädchen. Aber bevor eine von ihnen etwas sagen kann, hat Frau Splettstößer wieder das Wort ergriffen.

»Die bekochen sich prima selbst«, sagt sie. »Auch mittags. Geht auch nicht anders. Bei uns hat jeder sein Programm. Sport, Tanzen, Töpfern– und ich dann noch mit meiner Seidenmalerei.«

»Was macht ihr denn am liebsten?« fragt meine Mutter, während sie die Tortenstücke auf die Teller der Mädchen balanciert.

»Tanzen!« sagen die beiden wie aus einem Munde. Dann springen sie gleichzeitig von ihren Stühlen und vollführen ein paar ziemlich wilde Bewegungen.

»Jazz-Tanz«, erklärt Frau Splettstößer. Lächelnd wendet sie sich an meine Mutter. »Es ist schwer, die beiden an einem Tisch zu halten. Sie sind so lebhaft.«

Meine Mutter nickt. Ob es ihr lieber wäre, wenn ich auch so wäre wie Nadine und Natalie?

Die beiden setzen sich wieder auf ihre Plätze. Schweigend essen sie ihren Kuchen. Die Torte scheint ihnen zu schmecken, aber sonst sehen sie nicht so aus, als würde es ihnen bei uns gefallen.

»Wissen Sie«, fängt Frau Splettstößer nach einer Weile an. »Ich finde es einfach wichtig, Kinder früh zur Selbständigkeit zu erziehen. Sie haben es dann später leichter im Leben.«

Frau Splettstößer lädt sich ein riesiges Stück Torte auf ihre Gabel und schiebt es in ihren weit aufgerissenen Mund. Sie kaut so heftig auf dem Kuchen herum, als würde sie ein zähes Stück Fleisch essen.

Nadine und Natalie sind schon fertig mit dem Essen. Sie kippeln unruhig auf ihren Stühlen herum.

»Ihr langweilt euch, Kinder, nicht wahr?« fragt Frau Splettstößer mit vollem Mund. »Geht doch ruhig mit Felix ins Kinderzimmer! Kinder sind ja sowieso am liebsten unter sich.«

»Wahrscheinlich haben Sie recht«, sagt meine Mutter. Sie nickt mir zu. »Geh mit den beiden in dein Zimmer, Felix.«

Nadine und Natalie springen erfreut von ihren Stühlen. Sie lächeln mich erwartungsvoll an. Verdammt, denke ich, jetzt muß ich mich mit denen abplagen. Wieder mal typisch: Meine Mutter lädt sie ein, und ich hab sie dann auf dem Hals.

Das muß man sich mal umgekehrt vorstellen – ich würde Richard zu mir nach Hause einladen und ihn dann zu meiner Mutter ins Schlafzimmer zum Spielen schicken.

»Nun geht schon!« sagt Frau Splettstößer.

Nadine und Natalie rennen durch den Flur auf mein Zimmer zu. Ich muß mich beeilen, um hinterherzukommen. Dabei hätte ich gern noch ein bißchen Torte gegessen.

Nadine hüpft auf mein Bett und springt darauf herum wie auf einem Trampolin. Natalie stürzt sich auf die Schweinestadt.

»Super, ein Porsche!« ruft sie und schnappt sich den grünen Sportflitzer, den Suse geknetet hat. In rasendem Tempo läßt sie ihn durch die Straßen der Schweinestadt fahren.

»Brumm, brumm!« macht sie und gibt ein wieherndes Geräusch von sich, als ob Bremsen quietschen. Und dann läßt sie den Sportflitzer mit voller Wucht gegen den Bungalow der Bardame fahren. Die Bungalow-Wand hat eine Delle und der Kühler des Autos auch.

»He, was soll das denn!« sage ich. »Das geht doch kaputt!«

»Entschuldigung«, sagt Natalie. »Ich mach es wieder so, wie es vorher war.«

Sie fängt an, an dem Auto herumzukneten, aber die Beule wird nur immer größer.

»Laß mal«, sage ich. Ich nehme das Knete-Auto und lege es in meine Nachttisch-Schublade.

Nadine hüpft noch immer auf meinem Bett. »Höher, höher«, juchzt sie. »Gleich zeig ich euch den Salto mortale!«

Mir schwirrt der Kopf. Was würde ich darum geben, wenn dieser Nachmittag schon vorüber wäre. Die beiden sind ja vielleicht ganz nett. Aber anfangen kann ich mit denen nichts.

»Hast du Kassetten?« ruft Nadine. »Wir könnten Disko spielen!« Sie baut in ihre Trampolinsprünge ein paar Tanzbewegungen ein, schleudert Arme und Beine so ruckartig in die Luft, daß der Kater Knisterbusch, der Nadine und Natalie bisher nur verwundert beäugt hat, mit einem erschrockenen Satz aus dem Körbchen springt und auf die Tür zuwieselt.

»Eine Katze!« schreit Nadine entzückt. »Wie süß!« Sie greift nach Knisterbusch, der geschickt ausweicht. Nadine verliert das Gleichgewicht und fällt.

Wo fällt sie wohl hin?

Mitten auf die Schweinestadt.

Das Krokodil am Tresen wird von Nadines rechter Hand zerdrückt. Der Schweinewirt samt den Schnapsgläsern klebt an Nadines Schuhsohle. Der Bungalow der Bardame wird plattgemacht von Nadines Hintern.

»Au«, sagt Nadine. Langsam rappelt sie sich wieder hoch.

Mein Vater sagt, wenn man schreien möchte vor Wut, wenn man fast platzt vor Zorn, soll man die Luft anhalten und bis zehn zählen.

Ich zähle: eins, zwei, drei . . .

»O Gott!« sagt Natalie. »Alles ist platt! Alles ist hin!« Mit zerknirschtem Gesicht sammelt sie die Reste von meiner Schweinestadt ein. Sie versucht, den Bungalow wieder aufzubauen, aber er ist zu kaputt.

Ich zähle: vier, fünf, sechs . . .

»Mein Schuh!« jammert Nadine. Sie schubbert mit ihrer Schuhsohle an meinem Bettpfosten entlang. Zermanscht bleibt der Schweinewirt am Pfosten hängen.

Ich zähle: sieben, acht, neun . . .

Natalie pflückt den Kneteklumpen, der einmal das Haus der Bardame war, von Nadines roter Jogging-Hose. »Klebt wie Hundekacke«, sagt sie.

»Zehn!« schreie ich, so laut ich kann. »Zehn, zehn, zehn!«

Natalie und Nadine werden blaß vor Schreck. Meine Mutter und Frau Splettstößer stürzen ins Zimmer.

Ich renne an ihnen vorbei, den langen Flur entlang, so schnell, als würde der Teufel mich jagen. Ich stürze hinaus ins Treppenhaus, ich rase die Treppe rauf, daß mein Herz hart gegen meine Rippen hämmert, daß es fast zerspringt.

Ich klingel bei Suse. Erst rührt sich nichts. Aber dann geht die Tür auf, und Suse steht vor mir.

12

Suses Wohnung ist genauso wie unsere, nur daß andere Möbel in den Zimmern stehen. Das ist so, als wäre ich zu Hause und doch wieder nicht zu Hause. Der lange Flur, die beiden hellen Zimmer zur Straße, die enge Küche. Suses Schwester schläft in der winzigen Kammer neben dem Bad, da, wo bei uns meine Mutter ihr Bügel- und Nähzimmer hat.

Im Zimmer ist es dämmrig. Ein süßlicher Geruch nach Milch und Windeln hängt in der Luft. Nach ein paar Sekunden haben meine Augen sich an das Halbdunkel gewöhnt. Ich sehe das Gitterbett in der Ecke, und hinter den Gittern liegt Suses Schwester.

Sie ist rosig und rund. Wie eine große Puppe liegt sie da, auf dem Rücken, den Kopf zur Seite gedreht.

Suse nimmt meine Hand und legt sie sacht an die Wange des Babys. Ich fühle den zarten Atem auf meiner Haut.

Ich möchte, daß die Zeit stehenbleibt, daß sie nicht weiterfließt.

»Wie findest du sie?« flüstert Suse. »Sie heißt Vida.«

»Sie ist schön«, sage ich. »Und Vida ist ein schöner Name.«

Ob ich auch mal so winzig war? Hatte ich auch solche Fingernägel, nicht größer als Stecknadelknöpfe? Habe ich auch in so einer dicken Windel gelegen, Pipi oder eine Wurst gemacht, wann ich gerade mußte, ohne Klo, ohne Papier?

Ja, denke ich. Auch bei mir muß es so gewesen sein, einfach weil alle mal so angefangen haben. Auch die, bei denen man es sich einfach nicht vorstellen kann. Der alte Obsthändler vom Wochenmarkt, der tausend Runzeln im Gesicht hat und der einen Stock braucht zum Gehen. Auch meine Mutter und mein Vater. Auch Frau Schuster.

Alle haben sie so dagelegen wie Vida. Wie ein Mehlwurm. Ganz und gar hilflos.

Vida seufzt im Schlaf, als hätte sie schon Sorgen. Im nächsten Moment lächelt sie. Ob sie träumt?

»Gleich wird sie wach«, flüstert Suse. »Dann kannst du ihr die Flasche geben. Aber erst mal hab ich noch was für dich.«

Wir gehen rüber in Suses Zimmer. Es ist das mit dem Blick auf die Hofbirke, genau wie meines. In Suses Zimmer ist viel Platz. Es stehen nur ein Bett und ein Tisch darin und eine kleine Truhe mit Spielsachen: ein Memory-Spiel, zwei Hasen aus Stoff, ein Brummkreisel, ein Block und Buntstifte. Suse hat keinen Teppich im Zimmer. Durch die Sohlen meiner Hüttenschuhe kann ich den Holzfußboden spüren.

Suse geht zum Schreibtisch und zieht ein Blatt Papier aus der Schublade.

»Der Beweis deiner Unschuld«, sagt sie mit feierlicher Stimme. »Lies.«

Da steht: »Hiermit bestätige ich meiner Kundin Suse Hempel folgenden Sachverhalt: Das einzige Exemplar des Scherzartikels *Monster-Spider,* einer Riesenspinne, habe ich am vorigen Mittwoch an Richard Wittmann verkauft. An Felix Kellner aus der Mommsenstraße habe ich nie eine solche Spinne verkauft. Gezeichnet: Willi Plesch, Schreibwaren und Scherzartikel, Hegestraße 9.«

Verblüfft betrachte ich den Zettel.

»Suse«, sage ich. »Woher hast du das?«

»Na, vom Plesch!« ruft Suse. »Ich war bei ihm und habe

Willi Plesch

Schreibwaren und Scherzartikel

Hegestraße 9

Hiermit bestätige ich meiner Kundin
Suse Hempel folgenden Sachverhalt:
Das einzige Exemplar des Scherzartikels
Monster - Spider, eine Riesenspinne, habe
ich am vorigen Mittwoch an Richard Wittmann
verkauft. An Felix Kellner aus der Mommsenstraße habe ich nie eine solche Spinne verkauft.

Gezeichnet: *Willi Plesch*

ihn ausgefragt. Richard hat die Spinne gekauft, und zwar genau einen Tag vor der Sache mit deiner Lehrerin. Ich hab dem Plesch gesagt, ich brauch das alles schriftlich. Und da hat er's mir schriftlich gegeben.«

Suse lacht. Vida fängt an zu brüllen.

Ich bin gerettet, denke ich. Suse hat mich gerettet.

Suse und ich rennen in das Zimmer, in dem Vida liegt. Vidas Gesicht ist krebsrot vom Schreien, wütend rudert sie mit den Armen und Beinen durch die Luft.

Suse hebt sie aus dem Bett.

»Geh schon vor in die Küche«, sagt sie. »Setz dich da auf einen Stuhl.«

Und schwupp, habe ich die schreiende Vida auf dem Schoß. Ich halte sie fest, sie brüllt und windet sich wie eine Wurst in der Bratpfanne. Ich glaube, sie mag mich nicht.

»Suse!« rufe ich. »Mach was, schnell!«

Suse macht Milch warm und gießt sie in eine Flasche. Sie schraubt einen Gummisauger auf die Flasche und hält sie mir hin. Mit der einen Hand greife ich nach der Milch, mit der anderen presse ich Vida gegen meine Brust, damit sie nicht auf den harten Küchenboden fällt.

Ich schiebe Vida den Gummisauger in den Mund. Sofort wird sie ruhig. Vida saugt. Ihr kleiner Körper wird weich und schmiegt sich in meinen Arm. Die warme Milch gluckert in Vidas Bauch. Ich betrachte ihr Gesicht. Wie ein Engel sieht sie jetzt aus.

»Die Glatze wird sich noch geben«, sagt Suse und berührt Vidas kahlen Kopf.

Vida trinkt. Wir schweigen.

Ich bin froh, hier zu sein.

13

Als ich nach Hause komme, ist es schon dunkel. Die Splett-stößers sind weg. Meine Mutter und mein Vater sitzen in der Küche und reden.

»Andere Kinder sind viel selbständiger als Felix!« höre ich meine Mutter sagen. »Was die Splettstößer-Töchter so alles machen, dagegen ist Felix der reinste Trauerkloß! Du hättest ihn vorhin erleben sollen. Nur weil eine seiner Knete-Figuren zerdrückt wurde, hat er einen Schreikrampf gekriegt und ist aus der Wohnung gerannt!«

Ich höre, wie mein Vater eine Bierflasche aufmacht und wie das Bier in ein Glas gluckert. Leise, damit die beiden nicht merken, daß ich wieder da bin, pirsche ich mich an die Küchentür heran.

»Und dann diese Geschichte mit Frau Schuster und der Spinne«, fährt meine Mutter fort. »Die Lehrerin sagt, Felix sei sozial gestört. Wir sollten mal mit ihm zum Psychologen gehen!«

Vorsichtig gucke ich in die Küche. Da sitzen sie, mit Kummergesichtern. Meine Mutter zieht nervös an ihrer Zigarette, mein Vater betrachtet nachdenklich sein Bierglas.

»Tja«, sagt er. »Wahrscheinlich haben wir doch irgendwas mit ihm falsch gemacht.«

Mein Vater stützt seinen Kopf in die Hände. Ganz still sitzt er da und brütet Gedanken aus.

Ich weiß schon, was er denkt. Er denkt: Morgen früh, im Büro, da frag ich den Kalli, ob er noch einen kräftigen Jungen für seine Jugendmannschaft brauchen kann. Oder er denkt: Ich sollte öfter mit dem Felix auf den Bolzplatz gehen.

Wetten, daß er so was denkt?

Ich gebe mir einen Ruck und gehe in die Küche. Dann setze ich mich zu den beiden an den Tisch und lege den Zettel vom Plesch neben das Bierglas von meinem Vater.

Gleichzeitig beugen sich meine Eltern über den Zettel und lesen. Gleichzeitig sind sie fertig, heben die Köpfe und schauen mich an.

»Dann warst du das also gar nicht mit der Spinne?« fragt meine Mutter. »Warum hast du das nicht gleich gesagt?«

»Ich habe es dir gesagt«, antworte ich. »Aber du hast es mir nicht geglaubt.« Meine Mutter wird rot. Mein Vater schaut sie vorwurfsvoll an.

»Er hat es dir gesagt?« fragt er. »Und du hast ihm nicht geglaubt? Wieso denn nicht?«

Und schon ist der schönste Streit im Gange.

»Eine tolle Mutter, die einer durchgedrehten Lehrerin mehr glaubt als dem eigenen Sohn!« ruft mein Vater.

»Ein toller Vater, der sich um nichts kümmert, dem außer Fußball, Fußball, Fußball nichts zu den Problemen der Welt einfällt!« ruft meine Mutter.

So habe ich mir das nicht vorgestellt.

»Hört auf, hört auf!« brülle ich.

Aber der Streit ist schon zu stark. Der Streit ist wie eine Kugel aus Schnee, die vom Berg ins Tal rollt. Er wird immer größer, je länger er rollt, immer schwerer, immer mächtiger, immer lauter. Er fängt an zu donnern, er zischt.

Es ist gefährlich, sich ihm in den Weg zu stellen. Aufhalten kann ich ihn sowieso nicht mehr.

»Du Rabenmutter!« sagt mein Vater wütend. »Ich hab es mir gleich gedacht, daß er es nicht war mit der Spinne. Ich wußte gleich, daß das nicht seine Art ist!«

»Seine Art, seine Art!« äfft meine Mutter ihn nach. »Was ist denn seine Art? Er brüllt die Splettstößer-Mädchen an wie ein Stier! Er macht im Kaufhaus einen Affenzirkus, daß mir fast die Nerven durchgehen! Ist das vielleicht eine Art?«

Mein Vater macht sich das zweite Bier auf. »Was schleppst du ihn auch in diese gräßlichen Kaufhäuser«, sagt er. »Was lädst du solche dämlichen Trinen wie die Splettstößers ein! Da würde ich auch davonlaufen!«

Einen Moment lang starren die beiden sich an, als wollten sie sich an die Kehle gehen.

Eltern erwürgten sich gegenseitig, könnte man dann in der Zeitung lesen. *Einziger Sohn blieb verwaist zurück.*

Aber es kommt nicht soweit.

Nachdem die beiden sich eine ganze Weile angestarrt haben, fangen sie plötzlich an zu lachen.

»Du hast ja recht«, sagt meine Mutter.

»Du ja auch«, sagt mein Vater.

Er streckt die Arme nach mir aus. Ich kuschel mich in seinen Schoß. Meine Mutter nimmt meine kalten Füße zwischen ihre Hände und reibt sie warm.

Wir haben wieder Frieden.

»Nachher ruf ich diese Frau Schuster an«, sagt mein Vater. »Aber erst mal koch ich uns allen was zu essen.«

»Ich helfe dir«, sagt meine Mutter.

Also gehe ich noch ein bißchen in mein Zimmer.

Ach, meine schöne Schweinestadt!

Sie ist zerstört wie nach einem Krieg. Das Krokodil liegt

mit eingedrücktem Schädel auf der Seite. Der Bungalow ist so platt wie der Fußboden. Der Schweinewirt ist nur noch ein unförmiger Klumpen. Aber ich baue alles neu.

Meine Mutter kommt ins Zimmer. Sie küßt mich auf den Mund und streichelt mich. Ihre Hände riechen nach Zwiebeln.

»Verzeihst du mir?« fragt sie.

»Ja«, sage ich.

Wir umarmen uns und halten uns fest.

Ob sie noch immer mit mir zum Psychologen will? Und ob sie noch immer meint, daß ich in den Sportverein gehen muß?

Als ob sie meine Gedanken erraten hätte, sagt meine Mutter: »Trotzdem, Felix, einiges muß anders werden. In manchen Punkten hatte Frau Schuster recht.«

»Wieso?« frage ich.

»Es ist wahr, daß du zu wenig mit Gleichaltrigen spielst. Und du mußt wirklich mehr an die frische Luft, dich austoben, im Freien herumtollen.«

Meine Mutter sieht mich nachdenklich an. Sie streichelt mein Haar. Dann tut sie einen tiefen Seufzer, und wir umarmen uns noch einmal.

Über die Schulter meiner Mutter hinweg schaue ich aus dem Fenster. Die Birke bewegt sich dunkel im Wind. Der Himmel ist schwarz und klar. Viele Sterne sind zu sehen.

14

Am nächsten Tag gehen Christian und ich gemeinsam nach Hause. Christian wohnt ganz in meiner Nähe. Wenn wir wollen, können wir jetzt immer zusammen gehen.

»Ich bin froh, daß alles rausgekommen ist«, sagt Christian.

»Ich auch«, antworte ich. Mein Vater hat gestern abend bei Frau Schuster angerufen und ihr gesagt, was Suse herausgefunden hat.

Und heute, in der Deutschstunde, hat Frau Schuster sich vor der ganzen Klasse bei mir entschuldigt, daß sie mich falsch verdächtigt hat. Richard hat sie nach dem Unterricht zu sich ins Lehrerzimmer bestellt.

»Der wird sich so schnell nichts wieder erlauben«, sagt Christian. »Dem zieht die Schuster jetzt bestimmt die Ohren lang.«

Dann bleibt er plötzlich stehen.

»Hier wohn ich«, sagt er und zeigt auf ein kleines, verwittertes Haus. Umgeben von einem verwilderten Garten steht es ganz verloren zwischen den großen Mietskasernen.

»Oh, schön«, sage ich. »In so einem Haus würde ich auch gerne wohnen.«

»Kannst ja mal kommen«, meint Christian.

Das mache ich bestimmt mal, nur heute geht's nicht. Heute bin ich mit Suse verabredet. Wir werden oben bei ihr spielen, weil sie auf Vida aufpassen muß. Ich werde den Knetekasten hochtragen und auch das Schifferklavier. Suse sagt, daß Vida gerne Musik hört. Also werde ich ihr was vorspielen.

»Na, mein Hase?« sagt meine Mutter, als sie mir die Tür öffnet. »Setz dich gleich an den Tisch, die Nudeln sind schon fertig.«

Beim Essen erzähle ich meiner Mutter, daß Frau Schuster sich bei mir entschuldigt hat.

»Na bitte«, sagt meine Mutter zufrieden. Aber dann, als sie hört, daß ich nach dem Essen gleich zu Suse will, macht sie wieder ein besorgtes Gesicht.

»Dein Vater kommt heute extra früher«, sagt sie. »Wir wollten mit dir an den Grunewald-See, weil der Kalli da heute mit der Jugendmannschaft trainiert!«

Die Worte »Kalli« und »Jugendmannschaft« bohren sich wie zwei Zirkelspitzen in meine Brust. Wütend starre ich meine Mutter an. Wann endlich wird sie wohl kapieren, daß ich mit Fußballspielen nichts im Sinn habe?

»Für zwei Stunden kannst du zu Suse gehen«, sagt sie schließlich. »Aber länger auf keinen Fall.«

»Ja, ja«, sage ich.

Hauptsache, ich bin erst mal weg.

Vorsichtig balanciere ich den Knetekasten durch den Flur. Mein Schifferklavier habe ich mir um den Hals gehängt.

Suse hat schon gewartet.

»Da bist du ja endlich«, sagt sie, als ich vor der Tür stehe.

Sie nimmt mir den Knetekasten ab, stellt ihn auf den Küchentisch und sortiert die Knetestangen nach Farben. Dann legt sie ihre eigene Knete dazu.

Jetzt haben wir eine Auswahl!

Wir kneten neue Schnapsgläser und ein neues Krokodil. Das Haus der Bardame wird dieses Mal anders. Es ist blau, hat zwei Stockwerke und ein Dach aus roten Ziegeln.

Suse holt die Topfpflanzen ihrer Mutter vom Balkon. Schon hat das Haus einen Garten. Grüner Farn wuchert über das Dach, die Primeln und Veilchen stehen vorm Eingang wie große, blühende Bäume.

»Fast ein Urwald«, sagt Suse. Sie knetet eine dicke Schlange. »Eine gefährliche Anaconda«, flüstert sie. »Wer der begegnet, ist des Todes.«

Als Vida aufwacht und brüllt, machen wir eine Pause. Suse gibt Vida die Flasche, und ich spiele ein kleines Lied auf dem Schifferklavier.

Wie schön ist es hier, denke ich.

Aber dann klingelt es plötzlich Sturm.

»Mach du auf«, sagt Suse, die Vida auf dem Schoß hält. »Ich kann ja nicht.«

Ich habe es mir fast gedacht.

Meine Mutter und mein Vater stehen vor der Tür. Sie haben schon ihre Mäntel an, und mein Vater klappert mit dem Autoschlüssel.

»Wieso macht ihr nicht auf?« fragt meine Mutter mißtrauisch. »Wir haben schon dreimal geklingelt!«

Ich führe die zwei in die Küche und zeige ihnen Vida.

»Ich habe Vida auf dem Schifferklavier vorgespielt«, erkläre ich. »Da haben wir die Klingel nicht gleich gehört.«

»Hallo, guten Tag«, sagt Suse zu meinen Eltern. Vida hat ihre Flasche ausgetrunken und gibt einen lauten Rülpser von sich. Wir müssen alle lachen.

»Jetzt müssen wir dir den Felix aber entführen«, sagt mein Vater zu Suse. »Wir wollen nämlich ins Grüne fahren.«

Ins Grüne, denke ich wütend. Sollen sie doch alleine fahren! Was soll ich im Grünen, wo es hier so schön ist?

Suse sieht meinen Vater ernsthaft an. »Das wird nicht gehen, daß Sie ihn mitnehmen«, sagt sie.

Meine Eltern machen verblüffte Gesichter.

»Und wieso nicht, wenn ich fragen darf?« sagt meine Mutter. Sie hat diesen »Letzten Endes bestimme sowieso ich«-Ton am Leib, den ich überhaupt nicht ausstehen kann.

»Weil Felix mit *mir* verabredet ist«, erklärt Suse. »Das haben wir schon gestern abgemacht.«

»So, so«, meint mein Vater und wiegt den Kopf hin und her. »Das wußten wir allerdings nicht.« Er setzt sich an den Tisch und betrachtet unsere Knete-Figuren.

»Ihr könnt euch morgen treffen«, schlägt meine Mutter vor. »Heute fährt Felix mit uns ins Grüne.«

Schon fuchtelt sie wieder mit dieser kratzigen Mütze herum, die ich immer aufsetzen soll, wenn es draußen windig ist. Sie nimmt mich bei der Schulter und versucht, mir die Mütze über die Ohren zu ziehen.

Aber ich mache mich los.

»Laß mich in Ruhe«, sage ich. »Ich fahre nicht mit.«

Ich setze mich zu Suse und Vida auf die Küchenbank und verschränke die Arme vor der Brust.

Diesmal lasse ich mich nicht breitschlagen. Dieser öde Bolzplatz am See mit dem ewig matschigen Fleck unterm Tor. Dieser dämliche Kalli mit seiner Fußballmannschaft. Nein, denke ich. Ich will da nicht hin, und ich gehe da nicht hin.

Dann spreche ich einfach aus, was ich denke.

»Ich will da nicht hin«, sage ich. »Und ich gehe da nicht hin.«

Meine Mutter verdreht die Augen. »Was man auch vorhat,

74

er lehnt es ab!« sagt sie zu meinem Vater. Dann stellt sie sich dicht vor mich. »Herr im Himmel!« ruft sie. »Was willst du denn eigentlich?«

»Hierbleiben«, antworte ich. »Einfach hierbleiben.«

Vida, die auf Suses Schoß eingenickt ist, gibt im Schlaf einen zweiten Rülpser von sich. Dann wird es still. Man hört nur noch das gleichmäßige Ticken der Küchenuhr, sonst nichts.

»Warum eigentlich nicht?« fragt mein Vater mitten in die Stille hinein. »Ich bin diese ewigen Diskussionen leid. Warum lassen wir ihn nicht einfach hier?«

Ärgerlich funkelt meine Mutter meinen Vater an. »Weil er mal raus muß, verdammt noch mal!« sagt sie. »Weil er nicht ewig nur im Haus herumhocken kann! Weil er mal an die Luft soll und mal unter Kinder!«

»Unter Kindern bin ich doch«, sage ich und zeige auf Suse und Vida.

»Und Luft ist überall«, fügt Suse hinzu. »Auch im Inneren von Häusern. Außerdem können wir auch auf den Balkon.«

Wieder wird es ruhig in der Küche. Wieder hört man nur das Ticken der Uhr. Meine Mutter und mein Vater scheinen zu überlegen. Ich glaube, ich weiß, was sie denken. Sie vergleichen zwei Dinge: wie ich sein könnte und wie ich wirklich bin. Und was wohl besser für mich ist.

Nach einer Weile gibt mein Vater sich einen Ruck und steht auf.

»Komm«, sagt er zu meiner Mutter. »Ich lad dich zum Essen ein. Nur wir zwei.«

Erstaunt sieht meine Mutter meinen Vater an. Aber dann scheint ihr die Idee doch zu gefallen.

»Gehen Sie ruhig«, redet Suse den beiden zu. »Wir kommen hier schon zurecht.«

Sie steht auf und legt die schlafende Vida in ihr Körbchen. Dann macht sie die Balkontür auf und räumt den Knetekasten ins Freie. Ich helfe ihr.

Als wir zurück in die Küche kommen, sehe ich, daß meine Eltern schon zur Tür gegangen sind.

»Viel Spaß«, sage ich. Wir verabschieden uns mit Kuß.

Dann sind sie weg.

Ich habe gewonnen.

15

Am Abend liege ich zufrieden unter meiner Decke. Die Schweinestadt ist komplett wieder aufgebaut. Bevor ich ins Bett gegangen bin, habe ich noch ein neues Stück auf dem Schifferklavier einstudiert.

Meine Eltern reden im Wohnzimmer.

Leise tappe ich zur Tür und mache sie auf, damit ich höre, um was es geht.

»Viele berühmte Menschen waren Eigenbrötler«, erklärt mein Vater gerade. »Chopin zum Beispiel. Auch Sir Alexander Fleming, der Erfinder des Penizillins, soll in seiner Jugend so dickköpfig gewesen sein, daß seine Lehrer es ablehnten, ihn zu unterrichten.«

»Willst du damit sagen, daß Felix später einmal berühmt wird?« höre ich meine Mutter fragen.

»Wer weiß?« sagt mein Vater. »Das Zeug dazu hätte er. Wenn ich damals wegen unserer Heirat nicht mein Studium abgebrochen hätte, wäre ich auch in die Forschung gegangen.«

»Ach«, antwortet meine Mutter böse. »Du glaubst also allen Ernstes, daß du nur deshalb nicht berühmt geworden bist, weil du mich geheiratet hast? Jetzt will ich dir aber mal was sagen . . .«

Leise mache ich die Tür zu.

Sie können es nicht lassen, denke ich. Das Planen und das Streiten.

Immerhin: Ich brauche nicht in die Jugendmannschaft

vom Kalli. Die Splettstößer-Trinen wird meine Mutter so schnell nicht wieder einladen. Und zum Psychologen wird sie auch nicht mit mir gehen.

Warum auch?

Mir geht es doch gut.

Ich habe doch Suse und Vida. Ich habe Knisterbusch und mein Schifferklavier. Ich habe meine Schweinestadt und die Flimmerbirke vorm Fenster.

Sag selbst: Ist das nicht ein schönes Leben?

Doris Orgel

Mein Streit mit Frau Gallo

Rebekka freut sich jeden Abend auf Viertel vor sechs, wenn ihre Mutter nach Hause kommt. Dann ist sie Frau Gallo los. Frau Gallo betreut Rebekka, während ihre Mutter, die Ärztin ist, im Krankenhaus arbeitet. Ihre Mutter ist froh, Frau Gallo zu haben. Aber Rebekka ist bitterböse auf sie, weil sie die Katze vom Kühlschrank scheucht und auch nicht will, daß sie auf Rebekkas Pullovern liegt. Für die Unternehmungen Rebekkas und ihres Freundes bringt Frau Gallo wenig Verständnis auf. Und dann hindert sie Rebekka auch noch daran, dabei zuzusehen, wie die Katze ihre Jungen bekommt. Rebekka ist schon nahe daran, ihre Mutter anzurufen, aber dann begreift sie, daß Frau Gallo sich mit Katzen auskennt und nur verhindern möchte, daß Rebekka das Tier stört. Frau Gallo hat der Katze sogar ihren liebsten Schal hingelegt, damit sie darauf ihre Jungen bekommen kann. Es ist schön,

und wie alles wieder gut wurde.

als Leser miterleben zu können, wie Rebekka die Freundlichkeit der als barsch und altmodisch mißverstandenen Frau Gallo entdeckt.

Mein Streit mit Frau Gallo und wie alles wieder gut wurde.
Ab 8 Jahren, 80 Seiten.

Verlag Sauerländer

Verlag Sauerländer

Unni Lindell

Überraschung im Zirkus

Ab 8 Jahren, 140 Seiten.

Eigentlich will Vater Bjørn seinem kleine Sohn Jacob nur eine Freude machen, als er an einem heißen Sommertag in ein Bärenfell schlüpft. Wer rechnet auch damit, daß sich der Reißverschluss verklemmt, und daß es Jacob nicht gelingt, seinen schwitzenden Vater aus dem Bärenkostüm zu befreien?

Marion Dane Bauer

Mondfinder

Ab 10 Jahren, 78 Seiten.

Jennifer wünscht sich zum Geburtstag nichts sehnlicher als ein Pferd. Als sie lediglich Reitstunden und ein kleines Porzellanpferd erhält, ist sie bitter enttäuscht. Für Jennifer bringt der Geburtstag noch etliche Überraschungen. Am Ende begreift sie jedoch, daß ein Traum nicht immer Wirklichkeit werden muß, um in Erfüllung zu gehen.